La Visite

COMÉDIE EN UN ACTE

Représentée pour la première fois à Paris au théâtre national de l'ODÉON le 30 Septembre 1899.

DIRECTION DE PAUL GINISTY

DU MÊME AUTEUR

ROMANS

COLLECTION IN-18 A 3 FR. 50 LE VOLUME

Féconde.............................	1 volume.
Stérile.............................	—
L'Agonie d'une jeunesse.............	—
Le Charme d'amour (*Couronné par l'Académie française*).	—
Trouble d'âme.......................	—
Les ressources secrètes.............	—
La vertu du mari....................	—
La vertu de madame..................	—
Amours de mâle......................	—
Les joies d'aimer...................	—
Grande sœur Odette (*Honoré d'une souscription du ministère de l'Instruction publique*).	—

Pour paraître :

Demi-Sœurs.

En préparation :

L'Amusette.

THÉATRE

Sous le joug (*Théâtre de l'Odéon*)...........	1 brochure.
La Vache à lait (*Cercle des Escholiers*).....	—
Les joies de l'Adultère (*Théâtre des Funambules*)...	—

---

40 870 — Imprimerie LAHURE, 9, rue de Fleurus, Paris.

Daniel RICHE

La Visite

COMÉDIE EN UN ACTE

DANIEL RICHE

PARIS

ERNEST FLAMMARION, ÉDITEUR

26, RUE RACINE, 26

Droits de reproduction, de traduction et de représentation réservés,
pour tous les pays, y compris la Suède et la Norvège.

PERSONNAGES

ÉDOUARD DU THILLY . . . . MM. Dauvilliers.
GEORGES MONTREUX . . . . Laumonier.
JEANNE, ex-femme d'Édouard. . . . . Mme Marianne Chassaing.

De nos jours.

Pour la mise en scène exacte et détaillée, s'adresser à M. d'Hervilly, régisseur général du théâtre de l'Odéon, à Paris.

Les simili-gravures ont été reproduites d'après les photographies de MM. Cautin et Berger.

La Visite

Un fumoir élégant. Au mur, tableaux et panoplies d'armes. A droite, canapé, petite table supportant une statuette. A gauche, bureau de travail très encombré de paperasses. Cheminée avec pendule. Au milieu, table supportant un samovar et un service à thé.

SCÈNE PREMIÈRE

ÉDOUARD, puis GEORGES.

Au lever du rideau, Édouard arrange des fleurs dans des vases, puis, regardant l'effet, murmure :

ÉDOUARD. — Pas mal! (On sonne. Il se dirige vers la porte, mais revenant sur ses pas, se regarde dans la glace, frise ses moustaches, arrange sa cravate. Il va ouvrir et se trouve en face de Georges. Avec dépit.) Ah! c'est toi!

GEORGES. — Mais oui.... Tu as donc renvoyé ta valetaille?

ÉDOUARD. — J'ai donné congé à mon domestique pour la journée.

GEORGES, *souriant*. — De crainte des indiscrétions?

ÉDOUARD. — Peut-être... Ça va toujours bien?

GEORGES. — Pas mal, merci. (Il avance sur le devant de la scène.) J'étais sorti dans l'intention d'aller bavarder avec les Chanteleau, puis, devant ton palier, je ne me suis pas senti le courage de monter deux étages de plus et j'ai sonné.

ÉDOUARD, *riant*. — Je ne te remercie pas, puisque je ne dois ton bonjour qu'à mon entresol... Une cigarette?

GEORGES. — Volontiers.

Il l'allume et s'assied.

ÉDOUARD. — Maintenant, je te donne cinq minutes pour te reposer. Ce délai écoulé, je te prierai de poursuivre ton ascension.

GEORGES. — Tu sors?

ÉDOUARD. — Non, j'attends une visite.

GEORGES, *curieux*. — Une femme?

ÉDOUARD. — Évidemment, ce n'est pas le tsar.

GEORGES. — Elle est jolie?

Édouard. — Je pourrais te répondre que tu es bien indiscret, mais je préfère te dire la vérité; je n'en sais rien.

Georges. — Farceur!

Édouard. — Je ne l'ai jamais vue.

Georges. — Tu plaisantes?

Édouard. — Parole!

Georges. — Alors, la dame voilée?... Raconte-moi cela, c'est tout à fait intéressant.

Édouard. — Il y a de cela quatre mois, par une journée de pluie, de désœuvrement et de mélancolie où je m'ennuyais au point de regretter d'avoir divorcé...

Georges. — Enfin, une de ces heures maussades où l'on constate que la guigne au baccara a trop d'attachement pour vous et votre maîtresse pas assez!...

Édouard. — Tout juste... j'envoyai donc à un journal mondain l'annonce suivante : « Homme sentimental et trop seul serait heureux d'échanger correspondance avec femme au cœur délicat. »

Georges. — Cette prière fut entendue par quelques jeunes personnes qui se sont donné pour mission de consoler les abandonnés, et tu reçus nombreuses circulaires.

Édouard. — Tout un paquet. Mais parmi les offres d'affection tarifée, je trouvai une lettre de femme, de femme, comme moi, attristée et désœuvrée, qui souffrant d'une trop grande solitude de pensée rêvait d'union d'âme.

Georges. — Oh! oh! du sentiment, de la psychologie.... Prends garde, c'est très cher!

Édouard. — Je te dis qu'il s'agit d'une femme honnête....

Georges. — Qui accepte le rendez-vous d'un inconnu?

Édouard. — Non, pas un rendez-vous, une visite, une simple visite... Et encore, après combien de supplications de ma part et d'hésitation de la sienne !

Georges. — Elle te ruinera, c'est une roublarde!

Édouard, fâché. — Tu es d'un scepticisme révoltant.

Georges. — Et toi d'une naïveté pénible... Tiens, tu ferais mieux de te remarier.

Édouard. — Rallumer un mauvais cigare? Jamais!... Mais, si tu es reposé, tu me ferais plaisir en montant chez les Chanteleau.

Georges. — Ayez donc des amis pour qu'ils vous jettent ainsi dehors. Enfin!... je raconterai là-haut ta petite histoire, cela fera un sujet de conversation.

Édouard. — Oh! pas d'indiscrétion, tu sais que Mme Chanteleau était une amie de mon ex-femme.

Georges. — Elles ne se voient plus depuis ton procès!... Et puis tu es redevenu garçon.

DE CRAINTE DES INDISCRÉTIONS?

ÉDOUARD. — Oui. Mais pas plus que je n'aimerais à savoir ses escapades, si elle en commettait, je ne tiens à ce que Jeanne soit au courant de mes aventures.

GEORGES. — Tu penses à elle?

ÉDOUARD. — Oui, quand je vois quelqu'un de désagréable.

GEORGES. — Oh! mon cher, on la trouvait généralement charmante.

ÉDOUARD. — Des goûts et des couleurs....

GEORGES. — Elle avait de jolis cheveux....

ÉDOUARD. — Crépus.

GEORGES. — De grands yeux.

ÉDOUARD. — Sans expression.

GEORGES. — Elle était distinguée....

ÉDOUARD. — En public.

GEORGES. — Aimable....

ÉDOUARD. — Pour les autres.

GEORGES. — Tu n'es pas juste.

ÉDOUARD. — Eh bien, c'est vrai, j'exagère ses défauts pour qu'ils me masquent ses qualités.

GEORGES. — Alors, tu lui en reconnais?

ÉDOUARD. — Je suis persuadé qu'elle peut faire le bonheur d'un homme de tendances très matérielles, qui ne cherchera pas à élever son esprit ni à meubler son cerveau d'une éducation artistique et littéraire.... Jamais je n'ai pu arriver à lui inculquer ni mes admirations, ni mes haines raisonnées.

GEORGES. — Cela ne veut pas dire qu'elle fût sotte.

ÉDOUARD. — Peut-être, mais on ne se marie pas pour avoir une opposition vivante à ses côtés.

GEORGES. — Tandis que la dame à la correspondance?

ÉDOUARD. — Tu ne peux t'imaginer esprit plus fin, plus délicat, plus ouvert à toute chose.... Elle est exquise!

GEORGES. — Attends de la connaître, ton opinion se modifiera peut-être comme elle s'est transformée à l'égard de ta femme.

ÉDOUARD. — Ce n'est pas comparable.

GEORGES. — Tu n'en sais rien.

ÉDOUARD. — Mais, malheureux, ma femme était unique!

GEORGES, *riant*. — Il fallait alors garder pour toi cette rareté!

ÉDOUARD. — Tu en as de bonnes!... J'aurais voulu t'y voir, mais c'était effrayant.... Elle avait une maladie... plus, une tare atavique qui aurait damné un saint et qui m'aurait poussé au crime si nous n'avions divorcé!

GEORGES. — Pas possible!

NON, J'ATTENDS UNE VISITE

ÉDOUARD. — Elle avait l'hystérie du déménagement.

GEORGES, riant. — Jamais Charcot, j'imagine, n'a parlé de cet état nerveux.

ÉDOUARD. — C'est un oubli.

GEORGES. — Je savais bien que vous ne vous entendiez pas, mais si on m'avait dit que c'était pour cela que vous aviez rompu !...

ÉDOUARD. — Pour cela et pour d'autres choses !... Ah !... tu ne peux pas te figurer ce que c'est pour un homme qui aime ses habitudes de se lever et de trouver la salle à manger transplantée dans le salon et son cabinet de travail dans celui de toilette ; de sortir, et, en rentrant, de voir sa chambre à coucher transformée en fumoir et le boudoir en salle de bain ! C'est horrible, mon cher, j'avais perpétuellement la sensation de m'être trompé d'étage et tout en étant dans le même domicile, j'éprouvais le désagrément de courir les hôtels meublés.

GEORGES. — Tu ne me feras pas croire que, chaque matin, elle bouleversait votre intérieur.

ÉDOUARD. — En effet, il y avait des jours, des semaines, quelquefois même des mois, où les pièces gardaient leur destination.

GEORGES. — Tu vois ?...

ÉDOUARD. — Mais c'était encore pis ; elle déplaçait les meubles, mettait le canapé à l'endroit du piano et la crédence à la place du buffet. Ou bien, elle rangeait ; rangeait mes vêtements, mon linge, ma bibliothèque et même mes collections,... si bien que je ne trouvais plus rien, rien....

GEORGES. — Petit travers !... Tu avais bien les tiens.

ÉDOUARD. — Oh ! lesquels ?

GEORGES. — Tu es maniaque à l'excès, tu détestes le monde, aimes le cercle et ne t'intéresses qu'à des collections bizarres. Ce n'était vraiment pas gai pour une femme jeune et charmante comme Mme du Thilly.

ÉDOUARD. — Tu vas continuer longtemps ?

GEORGES. — Je t'aime bien, mais je suis juste. Elle adorait être frisée, tu lui faisais publiquement des scènes pour qu'elle portât des cheveux plats.

ÉDOUARD. — Dis donc, cher ami, les Chanteleau ?

GEORGES. — Ah ! pardon ! (Il va vers la porte, puis revient.) A propos, j'ai un service à te demander.... Je suis d'un dédoré....

ÉDOUARD. — Oh ! toi, tu n'es jamais en fonds.

GEORGES. — Que veux-tu, au cercle, je prends bien les culottes, mais j'y laisse toujours les fonds.

ÉDOUARD, riant. — Combien veux-tu ?

GEORGES. — Une misère, vingt-cinq louis.

ÉDOUARD. — Pristi !... vingt-cinq louis, tu n'es pas gêné.

AYEZ DONC DES AMIS POUR QU'ILS VOUS JETTENT AINSI DEHORS

Georges. — Mais si... je t'assure que je le suis même beaucoup !... Sans cela !

Édouard. — En veux-tu cinq ?

Georges. — Donne toujours.

Édouard. — Tu taperas Chanteleau pour le reste.

Georges. — J'y songeais.... Au revoir.
Il sort.

Édouard, criant. — Laisse la porte entr'ouverte ; ainsi, ma visiteuse n'attendra pas sur le palier.

SCÈNE II
ÉDOUARD seul.

Il regarde l'heure à sa montre, puis va interroger la pendule.

Pour une fois que je serais heureux de voir leurs cadrans en désaccord, mon impatience calmée par le mensonge de l'une, toutes deux marquent trois heures trente-cinq !... En admettant qu'elle soit très curieuse de me connaître, j'ai bien encore un quart d'heure d'attente désagréable. (Il s'assied près d'une table, prend une revue et lit :) « La femme qu'on attend est un être merveilleux, un joyau précieux et rare. » (Parlé.) C'est vrai. (Lisant.) « La femme qui vous attend est un être sans pudeur, un fardeau lourd et douloureux. » (Parlé.) Peut-être.... (On entend un léger bruit dans l'antichambre. Édouard se précipite, ouvre la porte dont le battant le masque.)

SCÈNE III
ÉDOUARD, JEANNE.

Édouard. — Entrez, entrez vite !

Jeanne, pénètre très voilée. Elle se retourne et apercevant Édouard pousse une exclamation étouffée. — Ah !

Édouard, sans remarquer son effroi. — Comme depuis longtemps je désirais votre venue !

Jeanne, très troublée, à voix basse. — Monsieur, je vous demande pardon, mais je me suis trompée....

Édouard, lui barrant le chemin. — Mais pas du tout ! Vous êtes bien chez celui qui signait l'Abandonné !

Jeanne. — Je vous en prie.

Édouard. — Oh ! n'ayez pas la cruauté de disparaître, ne me laissant qu'une vision imprécise et vos charmantes lettres, le parfum de votre âme ; je veux voir vos yeux qui en sont le reflet. (Jeanne fait non de la tête.) Il ne fallait pas venir, et quitte à être traité de brutal, je ne vous permettrai pas de partir.

COMME DEPUIS LONGTEMPS JE DÉSIRAIS VOTRE VENUE

Jeanne. — Tiens, tu m'agaces !
Elle découvre son visage.

Édouard. — Ma femme !

Jeanne. — Surprise pénible.... Cela t'apprendra, mon cher, à remplacer tes amis.

Édouard. — Je ne remplace personne, je suis chez moi.

Jeanne, *étonnée.* — Ah ! c'est ici que tu.... (Après une hésitation.) Au revoir !

Édouard. — Tu n'es pas si pressée, reste un peu.

Jeanne. — Nous n'avons rien à nous dire.

Édouard. — Qui sait, il y a plus d'un an que nous ne nous sommes vus.

Jeanne, *avec mélancolie.* — Un an !... (Puis, se reprenant.) Un an que j'ai retrouvé une existence calme, heureuse et bonne.

Édouard. — Bien aimable pour celle que tu goûtais en ma compagnie.

Jeanne. — Toi-même l'as reconnu, nous n'étions pas faits pour vivre l'un à côté de l'autre.... Au revoir....

Édouard. — Puisque le hasard nous a réunis, attends un peu ; rien ne t'appelle....

Jeanne. — Non, ça ne serait pas convenable.

Édouard. — L'était-ce davantage d'accepter le rendez-vous d'un monsieur inconnu ?

Jeanne. — Il m'avait juré d'être si respectueux. (Elle fait quelques pas vers la porte, puis, se retournant :) Tu ne pourrais pas me donner un verre d'eau ?... Malgré tout, l'émotion de notre rencontre....

Édouard, *se précipitant.* — J'avais préparé un petit lunch pour celle qui signait « Délaissée ».

Jeanne. — Inutile, je ne veux qu'un verre d'eau. Cela s'offre à n'importe qui.

Édouard, *tout en prenant la carafe.* — Tu ne seras jamais pour moi n'importe qui.... Un peu de rhum ?

Jeanne. — Non, merci.

Édouard. — Ah ! c'est vrai, tu préfères le kirsch.
(Il prend le cruchon.)

Jeanne, *s'avançant.* — Une goutte, simplement.

Édouard. — Voilà. (Il lui offre le verre. Elle boit. Comme elle repose le verre sur la table, il poursuit :) Assieds-toi donc... avant de nous quitter, je voudrais te poser une question.

Jeanne. — Tiens, moi aussi. (Elle s'assied.) Parle, je verrai si je dois te répondre.

Édouard. — Ces billets très charmants de sentiment, que, régulièrement, je recevais deux fois par semaine, qui me les écrivait ?

MA FEMME!...

Jeanne. — Je n'ai pas de secrétaire. C'est bien naïvement, bien étourdiment que j'ai répondu à la prière de l'annonce qui les sollicitait. Je ne supposais point que cette folie nous remettrait un jour face à face.

Édouard, très surpris. — C'était toi?

Jeanne. — Cela t'étonne?...

Édouard, s'asseyant. — Alors, tu dissimulais ton écriture?...

Jeanne. — Non, je l'ai modifiée. La grosse anglaise n'est plus à la mode.

Édouard. — Ah!

Jeanne. — Mais, moi aussi, depuis que je suis ici, je me demandais quel est celui de tes amis capable de signer ces feuillets empreints de bonté, de générosité et de largesse d'esprit et je ne trouvais pas.

Édouard. — Le meilleur de mes amis, du moins, je le crois, car c'est moi-même.

Jeanne. — Comment, cette ronde aux jambages réguliers et déroutants?

Édouard. — Petite ruse, pour que la graphologie ne découvre pas mes défauts.

Jeanne. — Comme les hommes savent mentir!

Édouard. — Comme les femmes savent tromper!

Jeanne. — Dans ces lettres, je ne t'aurais jamais reconnu.

Édouard. — Peut-être parce que nous ne nous connaissions pas?

Jeanne. — Nous avons vécu trois ans sous le même toit!

Édouard. — Il y a des gens qui passent leur existence ensemble et qui s'ignorent.

Jeanne. — Ils sont aveugles.

Édouard. — Je leur ressemblais, car jamais je ne t'avais vue si jolie.

Jeanne. — Oh! je t'en prie.

Édouard, rapprochant sa chaise. — Tu as un brillant dans le regard, une finesse dans les traits, une délicatesse dans le sourire....

Jeanne. — Si tu continues, je m'en vais à l'instant, j'ai horreur de l'ironie. (Elle se lève.)

Édouard. — Je t'assure.... A te regarder, il ne m'étonne plus que tu m'aies écrit de si jolies lettres.

Jeanne. — Elles t'ont plu?

Édouard. — Infiniment.

Jeanne. — Les tiennes aussi.... Il y a des jours où elles étaient si imprégnées de tristesse et de désillusion, que des larmes me venaient aux yeux, et j'avais des envies folles de venir tout de suite chercher à consoler celui qui les envoyait.

TU VAS AVOIR FROID EN SORTANT

ÉDOUARD. — Et pourquoi n'obéissais-tu pas à ce louable sentiment?

JEANNE. — Oh! parce que c'était trop tôt.... Si ça n'avait pas été toi, *il* m'aurait pris pour ce que je ne suis pas.

ÉDOUARD. — Ah! chez vous autres femmes, le raisonnement passe toujours avant l'élan sincère.... Mais moi, si j'avais su ton adresse, je me serais précipité, sans réfléchir, sans discuter.

JEANNE. — Et tu aurais éprouvé plus tôt la désillusion que tu subis maintenant.

ÉDOUARD. — Oh! ce n'est pas une désillusion que je ressens, mais presque un remords.

JEANNE, coquette. — Lequel?

ÉDOUARD. — Celui de n'avoir pas su t'apprécier.

JEANNE. — Décidément, cher ami, tu es devenu très galant.

ÉDOUARD. — Ote donc un peu ton manteau, tu vas avoir froid en sortant.

JEANNE. — Ah! mais je suis très pressée, je ne devais faire qu'une apparition. Il faut que je passe chez ma modiste; elle m'a envoyé un chapeau ridicule, pour un mariage que j'ai demain.

ÉDOUARD, l'aidant à se dévêtir. — Qui ça? Marianne de Solanges? Grands dieux, cette grande fille maigre et sèche aurait-elle trouvé un épouseur?

JEANNE, après avoir ôté son chapeau, se regardant dans la glace. — Non, non, elle court toujours après.... Le petit d'Endigny disait l'autre jour : « C'est un bâton qui cherche un aveugle. »

ÉDOUARD. — Quelle mauvaise langue!

JEANNE. — Tu vas me trouver indiscrète de m'installer ainsi?

ÉDOUARD. — Je t'avais, avec joie, réservé ma journée.

JEANNE. — Pas à moi, à la Délaissée!

ÉDOUARD. — Puisque, comme les divinités, vous ne faites qu'une seule et même personne.

JEANNE, regardant de droite et de gauche. — C'est gentil, ici.

ÉDOUARD. — Tu trouves?

JEANNE. — Il y a longtemps que tu as quitté notre ancien appartement?

ÉDOUARD. — Six mois environ.

JEANNE. — Il était pourtant très commode.

ÉDOUARD. — Oui, mais je t'y revoyais dans tous les coins.

JEANNE. — Vilain souvenir.

ÉDOUARD. — Plutôt attristant.

JEANNE. — Quelle plaisanterie!

ÉDOUARD. — Il faut me croire.

JEANNE. — C'est bien difficile.

NE FAITES PAS GRISE MINE.... SOURIEZ!

Édouard. — Que dirais-tu donc si je t'avouais que tes lettres ont été ma vie ces quatre derniers mois... tes lettres, à la fois, très simples et très fines, où tu te révélais toute?

Jeanne. — Il ne faut pas me faire d'aveu.

Édouard. — Et pourquoi? il n'est jamais trop tard, ma chérie.

Jeanne. — Tu oublies que nous sommes divorcés.

Édouard, ennuyé. — Mâtin de mâtin! Ah! comme le pape a donc raison!

Jeanne. — Le pape?

Édouard. — Ah! si nous l'avions écouté, ce brave pape!

Jeanne. — Eh bien?

Édouard. — Il le défend, le divorce!

Jeanne. — Prenez garde, monsieur, ce regret est presque une déclaration.

Édouard. — C'est une déclaration.

Jeanne. — Tu n'y penses pas!

Édouard. — Mais voilà un an que j'y pense, en souffrant de ma solitude et en ne parvenant pas à chasser ton souvenir de mon cœur.... En te retrouvant, toujours si jolie, si gracieuse, si désirable, enfin, telle que je t'ai connue au temps de nos fiançailles, une griserie m'est montée au cerveau. Le temps passé s'est évanoui; nous n'avons point vécu les mauvais jours et dans cet appartement nouveau, il me semble que je t'amène très timide et très gênée comme je t'amenai jadis là-bas, au sortir de l'église.

Jeanne, mélancolique. — Je n'ai plus de vêtement blanc ni de bouquet de mariée.

Édouard. — Ignorant ton âme, je ne l'ai point dévêtue, ignorant la délicatesse de tes sentiments, je ne les ai point effeuillés. Tu es pour moi l'innocente épousée et seulement aujourd'hui, où je te connais, je suis capable de te prendre vraiment.

Jeanne. — Crois-tu donc qu'on puisse oublier les heures pénibles? Elles peuvent s'estomper en des instants de joie comme celui-ci, mais, vite, elles reviennent se placer dans le cadre du souvenir. Elles gâteraient notre rapprochement.

Édouard proteste. — Oh!

Jeanne. — Tandis que, séparés, les méchancetés anciennes et le regret de l'éloignement se mélangent en un composé qui ne met en nos cœurs ni haine ni chagrin; seulement, sur nos fronts, une teinte de mélancolie.

Édouard. — Tu dis cela dans l'émotion de mon aveu, mais tu sais bien que le bonheur tue tout ce qui le gêne; tu sais bien que je saurais t'aimer si dévotement que tu n'auras plus le temps de te rappeler le passé.... Ah! Jeanne, ma petite Jeanne! (Il l'embrasse.)

Jeanne, se dégageant. — Ah! je t'en prie, sois raisonnable, ne me pousse pas dans une voie que je n'aurais que trop de tendances à suivre. Ce serait fou, ridicule, peu raisonnable.... Réfléchis, tout le monde rirait de nous.... C'est impossible!

SEULEMENT SI C'EST UNE COCOTTE

Édouard. — Je ne réfléchis qu'à une chose : Jeanne, ma petite Jeanne, je t'adore! (Il la prend dans ses bras).

Jeanne, se défendant mollement. — Mais non, non... nous allons être la risée publique.

Édouard. — Dis, c'est entendu, nous ne nous quittons plus! (Il l'embrasse.)

Jeanne. — Ah! mon ami.... Mais que diront nos parents, nos connaissances?...

Édouard. — Nous leur enverrons des faire-part.

Jeanne, lisant dans ses mains. — « Les époux du Thilly, divorcés pour incompatibilité d'humeur, après un an de séparation, viennent de s'apercevoir qu'ils étaient faits pour vivre ensemble et ont repris la vie commune.... » C'est grotesque!

Édouard. — Qu'importe!

Jeanne. — Il m'importe beaucoup.

Édouard. — Je t'en prie!

Jeanne. — J'ai une idée!... Il faut que, par une tactique habile, on arrive à nous conseiller ce rapprochement, et notre action, qui sans cela paraîtrait folle, semblera très sage.

Édouard. — Il est superflu de tant s'inquiéter du qu'en dira-t-on!

Jeanne. — Mais pas du tout, et heureusement que je suis là pour t'empêcher de froisser ce brave Tout-le-monde, qui saurait si cruellement se venger.... Allons... ne faites pas grise mine... souriez!

Édouard. — Je te regarde et un rayon de soleil me vient au cœur.

Jeanne. — C'est très charmant.... Alors, je suis chez moi ou presque?

Édouard. — Tu es chez toi, tout à fait chez toi!

Jeanne. — Veux-tu que je sois franche?

Édouard. — Certes!

Jeanne. — Eh bien, je suis ravie. Car enfin, pourquoi avons-nous divorcé?

Édouard. — Des peccadilles!... Je te trouvais trop mondaine, trop éprise de changement.... C'était ridicule!

Jeanne. — Moi, par contre, il me semblait que tu étais trop casanier, trop méticuleux.... Il me semblait!...

Édouard. — Au demeurant, nous avons été victimes d'apparences. Et, pour ma part, je reconnais avoir eu tous les torts.

Jeanne. — Pardon, je veux les partager... Et puis, n... i... ni, fini, nous n'en parlons plus. (Elle s'assied.) Et maintenant, l'instant des confidences est venu.

Édouard. — L'instant des confidences?

ALORS LA DAME AU COEUR DÉLICAT?

Jeanne. — Évidemment. Nous avons été séparés un an. Il est utile que nous sachions l'un et l'autre comment sentimentalement nous avons occupé nos loisirs.

Édouard, très ennuyé. — Tu trouves cela bien nécessaire?

Jeanne. — Indispensable.... Je veux que tu connaisses ma vie minute par minute.... Et si jamais les méchants venaient auprès de toi potiner sur mon compte, tu pourrais leur clore la bouche d'une phrase : « Ma femme m'a tout dit. »

Édouard. — Je sais bien....

Jeanne. — Non... non... Pas plus que moi je ne sais si toutes les gourgandines de Paris n'ont pas défilé dans ce fumoir!...

Édouard. — Mais....

Jeanne. — Cela te gêne?... Eh bien, je commence, interroge-moi, comme un juge sévère. (Elle se lève, la main tendue :) Je jure de dire la vérité, toute la vérité, rien que la vérité!

Édouard. — Cela m'est très désagréable.

Jeanne. — Eh bien, je me passerai de tes questions, et franchement, honnêtement, je t'avouerai....

Édouard, inquiet. — Tu m'avoueras?...

Jeanne. — Qu'en dehors de toi, je n'ai aimé personne, et que, malgré les déclarations de tes amis, je n'ai souffert qu'aucun me fît la cour. C'est seulement à l'abandonné, personnage idéal, que j'ai confié mes meurtrissures, mes désillusions et mes espérances.

Édouard. — Pourtant, ces lettres t'amenèrent ici?

Jeanne. — Tu ne me les reprocheras pas, puisqu'elles nous permirent de nous retrouver.

Édouard. — C'est vrai....

Jeanne. — Et toi?

Édouard. — Moi de même.... J'ai vécu de souvenirs....

Jeanne. — C'est impossible.

Édouard. — Pourquoi?

Jeanne. — J'ai été mariée, monsieur, je sais donc à quoi m'en tenir sur la sagesse masculine!

Édouard. — Je t'assure....

Jeanne. — Je veux bien admettre que, de cœur, tu m'es resté fidèle, mais de fait....

Édouard. — Mais....

Jeanne. — Pourquoi nier?...

Édouard. — J'aime peu les examens de conscience, on y trouve toujours un acte que l'on regrette.

Jeanne. — Tu vois, très franchement, je t'ai avoué la vérité : toi, tu te dérobes.

Édouard. — Tu étais certaine d'être exempte de toute critique.

LA LETTRE DE MON NOTAIRE!

JEANNE, soupçonneuse. — Alors, il n'en est pas de même pour toi? Allons, parle, je te jure que je préfère être fixée... Du reste, on t'a rencontré avec une actrice...

ÉDOUARD. — Oh!

JEANNE, pincée. — Parfaitement, la petite Valentine des Folies-Marquises. Dix personnes au moins me l'ont dit.

ÉDOUARD, avec un geste d'indifférence. — Si peu de temps.....

JEANNE, de plus en plus pincée. — Et puis?... Allons, continue.

ÉDOUARD. — C'est insensé!

JEANNE. — Et la jeune femme appartenant à la colonie étrangère.

ÉDOUARD. — Mon Dieu!...

JEANNE, avec mépris. — Une rastaquouère!... Qui encore?

ÉDOUARD. — C'est tout, je ne suis pas coureur.... Et maintenant, ma chérie....

Il veut se rapprocher d'elle.

JEANNE, furieuse. — Ah! ne m'approche pas!

ÉDOUARD, très étonné. — Comment?

JEANNE. — Tu me déplais....

ÉDOUARD. — Ma chérie....

JEANNE, continuant. — Tu me déplais! Ah! les hommes! Quels êtres privés de délicatesse.

ÉDOUARD. — Tu as exigé!

JEANNE, très vite. — Ah! tu aurais pu me torturer, me martyriser, me couper en trente-six morceaux, que je ne l'aurais jamais avoué t'avoir trompé.

ÉDOUARD. — Mais je ne t'ai pas trompée, puisque nous étions....

JEANNE. — Où veux-tu maintenant que je m'asseye honnêtement, alors que ces personnes se sont prélassées sur ces fauteuils, sur ces chaises.... Ah! tu me dégoûtes! (Elle fait mine de vouloir s'en aller.)

ÉDOUARD. — Nous changerons cet ameublement.

JEANNE, revenant. — Non, non, un déménagement complet, que rien ne me rappelle plus ce vilain moment de séparation.

ÉDOUARD. — J'avais pourtant pris mes habitudes dans cet intérieur... mes collections....

JEANNE. — Ah! non; plus de manies, plus de collections, plus de pots à colle!.... Tiens, je te permets de m'embrasser.

Il s'avance. Elle le repousse. On sonne.

JEANNE. — On a sonné.

ÉDOUARD. — Je n'ouvre pas.

JEANNE. — Pourquoi?

VOUS M'AVIEZ BIEN PROMIS LA PREMIÈRE TASSE

Édouard. — Nous n'avons pas besoin de nous ennuyer d'un importun.

Jeanne. — Ou d'une importune.

Édouard. — Oh! tu supposes....

Jeanne. — Je ne sais pas; j'arrive ici sans crier gare, il se peut qu'on ait l'habitude de venir te rendre de petites visites.

Édouard. — Pas du tout.... Et puis, je n'ouvre pas, c'est plus simple.

Jeanne. — Tu n'as aucune raison pour faire pareille impolitesse à la personne qui attend. Ouvre, tu le dois, je le veux!

Édouard. — J'obéis. (Il remonte.)

Jeanne, rageuse, s'armant d'une paire de pincettes. — Seulement, si c'est une cocotte qui vient me faire une scène, nous allons rire!

SCÈNE IV
Les Mêmes, GEORGES.

Édouard, à la cantonade. — Ah! c'est toi, je suis toujours occupé... je te raconterai plus tard....

Jeanne, qui a tendu l'oreille, court sur la pointe des pieds, regarde, et apercevant Georges, s'exclame. — Comment, vous, monsieur Montreux!... Mais entrez donc!

Georges, pénétrant, stupéfait. — Vous, madame!

Jeanne. — Moi-même.

Georges, à Édouard. — Alors, la dame au cœur délicat?

Édouard. — C'était elle.

Georges, riant. Épatant!... Estomaquant!... Ébouriffant!....

Jeanne, riant. — Il y a un peu de quoi!

Georges. — Vous deux, ensemble, et causant si intimement qu'il défendait sa porte à son vieil ami!...

Édouard. — Tu comprendras....

Georges. — Je me retire.... Mais, vous savez, je remonte chez les Chanteleau pour compléter l'histoire.... Non, c'est trop drôle.

Jeanne. — Ah! ces vieux amis d'autrefois.... Ils habitent donc aussi dans cette maison?

Édouard. — Mais oui, deux étages plus haut.

Jeanne. — Ah! c'est amusant! Alors, dites-leur de venir fêter notre réconciliation.

Georges. — Réconciliation complète?

Édouard. — Complète!

Georges. — Eh bien, vous savez, j'aurais parié dix, vingt, cinquante, cent mille francs!... ma main! ma tête!... que vous ne vous raccommoderiez jamais!

ÉCRIVONS-NOUS TOUJOURS, NOUS VOYONS JAMAIS!

Édouard. — Tu aurais perdu.... N'est-ce pas, ma chérie!

Jeanne. — Oui, mon ami.

Georges, se dirigeant vers la porte. — Ma chérie... mon ami.... Non, c'est extraordinaire!...

Jeanne. — Dépêchez-vous. Pendant ce temps, je vais préparer un excellent thé.... (Aimablement.) C'est vous qui boirez la première tasse.

Georges. — Je reviens à l'instant.
(Il sort.)

SCÈNE V
ÉDOUARD, JEANNE, puis GEORGES.

Jeanne. — Ah! ce bon Georges, cela m'a fait plaisir de le revoir.

Édouard. — Tu aurais pu te dispenser de l'inviter, ainsi que les Chanteleau.... Nous nous retrouvons à peine que, déjà, nous allons être encombrés d'indifférents.

Jeanne. — Je croyais que pendant cette année de solitude tu avais usé ta peau d'ours.

Édouard. — C'est une erreur.

Jeanne. — Tant pis.
(Elle allume le samovar.)

Édouard, suppliant. — Mais tu ne comprends donc pas qu'il est bon d'être un peu seuls... après si longtemps.

Jeanne, humblement. — Je te demande pardon. Je ne les retiendrai pas. (Allant à lui.) Allons, faites risette.... Je vous permets le baiser autorisé avant l'arrivée de notre ami. (Il s'avance. Elle le repousse légèrement.) Sur le front.

Édouard, au moment de l'embrasser. — Comme tu es frisée... je ne peux pas.

Jeanne. — Oh! mon cher, la petite Valentine des *Folies Marquises* l'est certainement bien davantage.

Édouard. — Ça n'est pas la même chose.

Jeanne. — Je sais, vous tolérez parfaitement que vos maîtresses soient élégantes et séduisantes, et vos femmes ridicules et peu tentantes.

Édouard. — Mais non, seulement....

Jeanne. — Ne te fâche pas, à l'avenir je me coifferai à la Vierge. (Continuant à préparer le thé.) A ce propos, je crois bien que je n'irai pas chez ma modiste aujourd'hui. Au reste, le chapeau commandé ne peut plus me convenir.

Édouard. — Pourquoi?

Jeanne. — J'avais choisi des garnitures « d'attente », des fleurs et des rubans de couleur incertaine... « demi-veuve! »

ÉDOUARD, railleur. — La psychologie dans les modes!

JEANNE. — Mais oui. La toilette est une partie de nous-même qui doit toujours refléter nos impressions. (Elle regarde autour d'elle.) Les Chanteleau vont venir. Il faudrait peut-être arranger un peu.

ÉDOUARD. — Ah! non, ne touche rien, je t'en prie!...

JEANNE. — C'est très en désordre.

ÉDOUARD. — J'aime cela.

JEANNE, déplaçant le fauteuil. — Mettons seulement ce fauteuil ici!

ÉDOUARD. — Oh!

JEANNE, même jeu. — Cette table dans ce coin.... Elle est affreuse, cette table!

ÉDOUARD. — Ne bouscule pas mes minéraux.

JEANNE, sans l'écouter, prenant la statuette. — Cette statuette-là.... (Satisfaite.) Ça n'a déjà plus le même air. (En se retournant elle casse une potiche.)

ÉDOUARD, frappant du pied. — Oh!

JEANNE. — Et maintenant, nous ôtons les paperasses qui encombrent le bureau.

ÉDOUARD. — Tu vas encore bouleverser mes papiers?... Je te le défends.

JEANNE, s'arrêtant. — Cela m'est égal... mais ils diront sûrement que ce n'est guère soigné chez toi.

ÉDOUARD. — Il ne fallait pas les inviter.

JEANNE. — Je te répète que, d'après les lettres, je croyais que tu étais devenu sociable!...

ÉDOUARD. — Et moi, depuis le temps, je croyais que tu étais guérie de ta fâcheuse....

JEANNE, lui coupant la parole. — Prenez garde, monsieur, vous allez prononcer une phrase irréparable.

ÉDOUARD. — C'est bon, je ne dirai rien....

JEANNE. — Vous ferez aussi bien.

ÉDOUARD, continuant. — Mais je n'en pense pas moins.

JEANNE. — Ah! ne recommencez pas vos insolences.

ÉDOUARD, menaçant. — Jeanne!

JEANNE. — Oh! je n'ai pas peur, et je débarrasserai cette table pour qu'on ne m'accuse pas d'être accouplée à un désordonné.
    Elle jette les papiers dans la corbeille.

ÉDOUARD, furieux, à genoux, ramassant les papiers. — Mon contrat d'assurance, la lettre de mon notaire.... Je vous défends!...

JEANNE. — Je m'en moque! (Elle continue.)

ÉDOUARD, avec un geste désespéré. — La voilà en pleine attaque.

Jeanne. — Votre désordre et vos manies ne vous ont pas quitté.

Édouard. — Cela vaut mieux que d'être malade!

Jeanne, allant à lui. — Malade, moi?

Édouard. — L'hystérie du déménagement!

Jeanne. — Parce que je remue vos cailloux!

Édouard. — Mes cailloux!... Vous étiez faite pour être la femme d'un imbécile!...

Jeanne. — La prédiction est heureuse.... Je n'y ai pas manqué!...

Elle retourne à la table à thé et verse les tasses.

Édouard, furieux, la suivant. — Mais regardez-vous donc, vous êtes hérissée comme un chardon!

Jeanne. — Ah! c'est trop fort!... Mais, si j'en étais un, il y a longtemps que vous m'auriez mangée.

Georges entre, et les voyant se disputer, lève les bras au ciel.

Édouard, hors de lui, sans le voir. — Madame, vous êtes une folle!

Jeanne, même jeu. — Monsieur, vous êtes un goujat, voilà ce que vous méritez!... (Elle lance la tasse qu'elle tient à la main.)

Georges, se précipitant pour les séparer, criant: « Vous n'allez pas vous battre! » reçoit le contenu de la tasse.) Ah!... (S'essuyant.) Vous m'aviez bien promis la première tasse, mais pas de cette façon!...

Jeanne. — Toutes mes excuses.... Au revoir, je m'en vais! (Elle prend son manteau et son chapeau.)

Édouard. — Bon voyage!

Jeanne remonte. — Georges se précipite et l'arrête.

Georges. — Vous n'allez pas vous quitter ainsi après vous être, pendant quatre mois, écrit de si tendres aveux.

Jeanne. — C'est vrai. (Elle redescend et tend la main à Édouard.) Séparons-nous en amis.

Édouard, baisant galamment ses doigts. — Quel dommage que nous nous irritions toujours!

Georges. — Que voulez-vous, mes amis, les mauvais ménages ne sont pas faits de mauvaises gens, mais de caractères opposés. C'est l'histoire de l'arbuste qu'on veut greffer avec un arbre d'essence différente : la greffe du mariage ne réussit pas toujours.

Jeanne, soupirant. — Il m'a pourtant écrit de bien jolies lettres!

Georges, reconduisant Jeanne vers la porte. — Il continuera, vous êtes faits pour vous aimer... de loin.

Édouard, se laissant tomber sur le canapé. — Nous voilà forcés de parodier la phrase célèbre : « Écrivons-nous toujours, ne nous voyons jamais ».

RIDEAU

40870. — Imprimerie Lahure, 9, rue de Fleurus, Paris.

www.ingramcontent.com/pod-product-compliance
Lightning Source LLC
Chambersburg PA
CBHW060600050426
42451CB00011B/2009